Obra conforme o Acordo Ortográfico da Língua Portuguesa

Concepção de projeto e edição: Lavínia Fávero
Assistente editorial: Daniela Ceneviva
Projeto gráfico e diagramação: Vinicius Felipe
Ilustrações: Didi Cunha
Fotos: Paulo Cuenca
Food styling: Danielle Noce

Editora Melhoramentos

Noce, Danielle
A receita da felicidade: um livro interativo pra amar, criar, se divertir e chamar de seu! / Danielle Noce; ilustrações de Ediiaine Cunha e fotos de Paulo Cuenca. São Paulo: Editora Melhoramentos, 2015.

Livro interativo.
ISBN 978-85-06-07945-4

1. Receitas culinárias – Sobremesas. I. Cunha, Didi. II. Cuenca, Paulo. III. Título.

15/081 CDD-641.5

Índices para catálogo sistemático:
1. Culinária – Receitas 641.5
2. Sobremesas – Receitas culinárias 641.86

1ª edição, novembro de 2015
ISBN: 978-85-06-07945-4

Atendimento ao consumidor:
Caixa Postal: 11541 – CEP 05049-970
São Paulo – SP – Brasil
Tel.: (11) 3874-0880
sac@melhoramentos.com.br
www.editoramelhoramentos.com.br

Impresso no Brasil

A RECEITA DA FELICIDADE por Danielle Noce

Um livro interativo pra amar, criar,
se divertir e chamar de seu!

MELHORAMENTOS

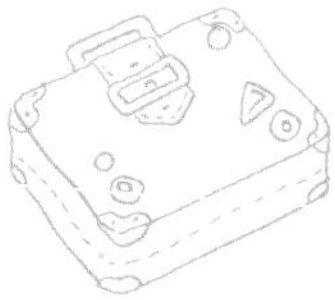

Dedico este livro a todas as pessoas que tentam ser felizes a cada dia, principalmente àquelas que descobrem beleza e amor nas pequenas coisas do dia a dia. Dedico este livro ao Paulo, aos meus bichinhos (Don, Boboy e Melk) e a todos os meus leitores e espectadores, que são as pessoas que mais me fazem feliz a cada dia.

EU SOU...

Estilista por formação, *youtuber* por profissão e confeiteira por amor.

Do signo de virgem com ascendente em peixes. Transito entre todos os sonhos que tenho, o mundo de fadas que desejo e os pés no chão pra realizar meus projetos.

Apaixonada pelo meu marido, o Paulo, bem como pelos meus filhos: Don, Bobby e Melk. E ai de quem falar que meus bichos não são filhos...

Louca por cinema, música, fotografia, livros, moda e, principalmente, viagens. Adoro me encontrar com o novo e o desconhecido.

Curiosa e nunca tenho certezas absolutas. Gosto de aprender, me renovar e mudar sem amarras.

Muito paciente pra puxar uma massa de *strudel*, mas não tenho a menor paciência pra esperar que as coisas aconteçam. Sou daquelas que vão atrás do que é seu.

EU JÁ...

Quis ser VJ da MTV.

Colei chiclete na cadeira da professora.

Explodi o vaso sanitário da escola.

Morei em Londres, Paris e Florença.

Cursei moda e teatro.

Trabalhei com um fotógrafo de moda e em um brechó.

Fui *promoter* de balada.

Escrevi um livro (com este são dois), plantei algumas árvores e hortas, agora só faltam filhos... Podendo ser mais alguns de quatro patas também, kkkk! :)

Agora é a sua vez: conte quem você é e algumas travessuras que já aprontou.

Momento *selfie*: cole uma foto sua.

Esta é a minha cor preferida.

E a sua? Pode começar a colorir!

Quando o assunto é doce,
só tenho uma regra:
tem que ser tão gostoso
quanto bonito.

Os meus preferidos são:

sorvete

paçoca

ambrosia

qualquer doce com
caramelo salgado

doce de leite

Cole aqui fotos de suas sobremesas favoritas.

Se eu tivesse que definir meu estilo...

Seria uma mistura de romântico com rock: adoro aquele look bem feminino com a cintura marcada, que depois abre em uma saia. Bem estilo anos 1950, mas com uma boa dose de tequila e pimenta.

Liso ou estampado? Estampado, claro! Principalmente se for de bolinhas, listras ou flores.

Salto é superfeminino e te deixa linda, mas prefiro o conforto de um bom tênis.

Não vivo sem tênis. Uso com saia, com vestido, com tudo.

E sou louca por meia-calça. É o acessório que eu mais compro.

Meu estilo mudou muito com o tempo. Eu era beeeem alternativa. O Paulo até me zoava, me chamava de "gótica perigótica". E nem adianta pedir pra eu revelar esse meu passado sombrio, porque não tenho mais nenhuma foto :)

Saiba mais sobre meu estilo e minhas marcas preferidas neste vídeo.

http://bit.ly/daniestilo

Agora me conte um pouco sobre o SEU estilo.

E faça um mural com seus looks preferidos.

Devil's Food Cake

O Devil's Food Cake é um bolo supermacio, molhadinho e muito chocolatudo. Justamente por isso é tão famoso. É praticamente chocolate com chocolate. Para quem ama essa gostosura, esse é um prato cheio!

PREPARO: 60 minutos
COZIMENTO: 60 minutos
ESPERA: 60 minutos
RENDIMENTO: 12 pedaços
DIFICULDADE: ★★★☆☆
DURAÇÃO: 2 dias

INGREDIENTES

BOLO (Faça duas vezes essa receita, uma para cada fôrma. Use uma fôrma redonda de aproximadamente 21 cm de diâmetro.)
8 ovos
300 ml de leite
255 ml de óleo de canola
2 e 1/4 de xícara de açúcar mascavo
2 colheres de chá de pasta de baunilha ou o dobro de extrato de baunilha
2 e 3/4 de xícara de farinha de trigo
1/2 xícara de cacau em pó
1 colher de chá de bicarbonato de sódio
2 colheres de chá de fermento em pó
1 pitada de sal

GANACHE AERADA DE CHOCOLATE (recheio e cobertura)
450 g de chocolate picado 70% cacau
200 g de açúcar cristal
500 ml de creme de leite fresco
100 g de manteiga sem sal, picada e gelada

MODO DE FAZER

BOLO

1. Unte duas fôrmas de 21 cm com manteiga, corte dois pedaços de papel-manteiga do tamanho do fundo e coloque no fundo de cada fôrma. Unte o papel com manteiga e enfarinhe com cacau em pó.
2. Misture os ovos, o leite, o óleo e a baunilha. Em seguida, misture o açúcar mascavo. Peneire todos os ingredientes secos, junte à mistura dos líquidos e mexa bem.
3. Divida a massa nas duas fôrmas.
4. Leve para assar por aproximadamente 60 minutos em forno preaquecido a 170 °C.
5. Tire do forno e deixe esfriar.

GANACHE AERADA DE CHOCOLATE

1. Coloque o chocolate picado no liquidificador e reserve.
2. Numa panela alta, caramelize o açúcar cristal até obter uma cor âmbar. Enquanto isso, aqueça o creme de leite fresco.
3. Assim que o açúcar caramelizar, junte o creme de leite com cuidado, pois a mistura sobe e borbulha bastante.
4. Jogue tudo no liquidificador e bata até ficar homogêneo.
5. Acrescente aos poucos a manteiga gelada e picada à ganache, mexendo sempre até ficar lisa e brilhante. Leve à geladeira por pelo menos uma hora ou até que a ganache esteja bem gelada.
6. Por fim, bata a ganache na batedeira para deixá-la bem aerada e cremosa.

MONTAGEM

1. Acerte os topos dos bolos.
2. Em seguida, arrume um deles sobre um prato e cubra com bastante ganache, para seu bolo ficar bem recheado.
3. Arrume o segundo bolo sobre o primeiro e cubra tudo com o restante da ganache.
4. Leve ao congelador por 10 minutos.
5. Finalize com uma decoração usando a própria ganache (eu usei um bico redondo simples de 8 mm).
6. Delicie-se!

Tire todas as suas dúvidas assistindo ao vídeo.

http://bit.ly/danifoodcake

Qual seu bolo de chocolate preferido? Escreva a receita aqui.

Delineadores icônicos

Eu A-MO delineador. É a marca registrada da minha maquiagem. Também amo música, moda e cinema... Resolvi relembrar algumas makes inesquecíveis feitas com esse produto essencial na nécessaire de qualquer mulher.

O Gatinho

Meu preferido, característico dos anos 1950. Delicado e com o canto puxadinho pra cima. E quem melhor para representá-lo do que a vênus platinada Marilyn Monroe?

O Sophia Loren

Os olhos felinos da diva das telas italiana são referências atemporais da maquiagem. O canto é puxado de um jeito bem gráfico, e o produto é passado nos cílios superiores e inferiores.

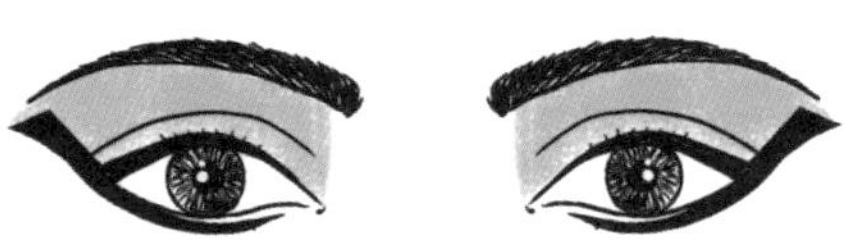

O Cleópatra

Dramático, de inspiração egípcia, tem o desenho que lembra um peixinho. Foi imortalizado por Elizabeth Taylor, que encarnou a poderosa soberana no filme épico de 1963.

O Twiggy

A modelo inglesa foi a cara da juventude descolada dos anos 1960. Ícone do estilo *mod*, Twiggy marcava o côncavo com delineador e desenhava cílios inferiores bem gigantes com o produto. O look foi copiado por meninas do mundo todo.

O Amy

Exagerado, meio borrado, detonado... A make-símbolo da cantora inglesa Amy Winehouse tinha um quê de enchi-a-cara-a-noite-toda-dormi-de--maquiagem-acordei-e-passei-mais-umas-três-camadas.

Procure e cole uma foto da sua make famosa preferida.

Paulo, meu amor, minha vida...

Nós éramos vizinhos quando fazíamos faculdade. Ele de direito, e eu, de moda. Nos tornarmos grandes amigos e assim fomos por um longo período. Não sou muito boa em contar o tempo, mas penso que passaram quase dois anos.

Eu nunca quis casar e sempre fui solta no mundo, bem do jeito que minha mãe não queria.

Apesar de a minha mãe pagar meus estudos e meu aluguel, o restante sempre foi comigo. Um homem me sustentar jamais foi uma possibilidade.

O mais importante pra mim, na verdade, sempre foi ser autossuficiente. Tinha uma visão completamente adolescente de um casamento e pensava: se não der certo, pego meus livros e meus CDs e vou embora.

Nunca fui apegada a ninguém. Até conhecer o Paulo.

Nos dois anos que fomos apenas amigos, passávamos dias e noites conversando em torno de teorias loucas sobre o mundo e a vida. Eu me apaixonei, mas ele não. Foi a primeira vez que meu coração ficou partido.

Arrumei um namorado, fui pra Londres com ele, passei três meses e voltei para terminar meu curso de moda. Meu plano era morar definitivamente na Inglaterra, visto que também sou cidadã europeia.

Quando voltei, quem estava atrás de mim?

Nunca mais nos deixamos, e isso já faz quase dez anos.

Ao longo de todo esse tempo, o que percebo é que continuo ao lado do meu grande amor, da minha alma gêmea.

E você? O que pensa sobre o casamento?

....

....

....

....

Torta de Chocolate com Caramelo Salgado

Sabe a expressão que usam quando uma sobremesa é tão, mas tão irresistível que chega a ser indulgente? Pois essa torta é assim. Cremosa, marcante e única.

PREPARO: 40 minutos
COZIMENTO: 30 minutos
ESPERA: 60 minutos
RENDIMENTO: uma torta de 30 cm de diâmetro
DIFICULDADE: ★★★★★
DURAÇÃO: 3 dias

INGREDIENTES

BASE
3/4 de xícara de avelã
250 g de biscoito de chocolate sem o recheio (usei 64 biscoitinhos)
6 colheres de sopa de manteiga sem sal

RECHEIO DE CARAMELO SALGADO
1 e 1/4 de xícara de creme de leite fresco ou nata
1 colher de chá de flor de sal
2 xícaras de açúcar cristal

GANACHE DE CHOCOLATE
350 g de chocolate amargo 70% cacau picado
1 e 1/2 xícara de creme de leite fresco ou nata

DICA: *Se você não encontrar o creme de leite fresco ou a nata, faça a ganache com creme de leite de caixinha. Nesse caso, leve o chocolate picado junto com o creme de leite para derreter em banho-maria até formar a ganache.*

MODO DE FAZER

BASE

1. Toste as avelãs em forno preaquecido a 160 °C até que a casca comece a desgrudar.
2. Retire do forno e esfregue as avelãs com as mãos para remover o máximo da casca.
3. Num processador, misture as avelãs tostadas, os biscoitos de chocolate e a manteiga derretida. Depois, coloque tudo numa fôrma redonda de fundo removível.
4. Leve ao forno por 12 minutos a 180 °C.
5. Retire do forno e deixe esfriar.

CARAMELO SALGADO

1. Em uma panela pequena, leve o creme de leite fresco ou a nata para ferver junto com a flor de sal.
2. Enquanto isso, ponha o açúcar em outra panela alta e larga. Espere derreter em fogo médio ou baixo até ficar com uma cor âmbar.
3. Quando alcançar essa cor, acrescente o creme de leite aos poucos e mexa sem parar, até que o caramelo se forme e a mistura fique homogênea.
4. Derrame o caramelo sobre a torta e espere esfriar completamente.

GANACHE DE CHOCOLATE

1. Coloque o chocolate picado no processador e reserve.
2. Leve o creme de leite fresco ou a nata para ferver e, assim que alcançar a fervura, jogue sobre o chocolate.
3. Processe até ficar homogêneo.

MONTAGEM

1. Quando o caramelo estiver bem durinho, coloque a ganache por cima e leve à geladeira por pelo menos 30 minutos.
2. Na hora de servir, salpique um pouco de flor de sal por cima da torta.
3. Aproveite cada pedacinho.

Veja o passo a passo da receita no vídeo.

http://bit.ly/danicaramelo

Cole aqui a foto de uma sobremesa e conte por que ela é importante pra você.

Drinque de Champanhe com Cerejas e Tomilho

Final de tarde... Jogue os pés pra cima, abra um espumante, misture com ervas frescas, mel e a sua fruta da estação preferida. É gostoso, prático e relaxante. Aproveite e junte amigos em volta da mesa.

PREPARO: 5 minutos
RENDIMENTO: 1 copo
DIFICULDADE: ★★★★★
DURAÇÃO: Consumo imediato

INGREDIENTES

2 cabinhos de tomilho fresco (retire apenas as folhas dos cabinhos)
4 folhas de hortelã
4 cerejas frescas
1 colher de sopa de mel
espumante
gelo

MODO DE FAZER

1. Em um copo, coloque o tomilho, a hortelã, o mel e as cerejas sem o caroço.
2. Amasse bem, coloque bastante gelo e complete com espumante.
3. Aproveite o seu drinque.

Gravei o vídeo desse drinque quando morava em Paris. Confira!

http://bit.ly/danichampanhe

Vamos fazer um brinde? Conte todas as coisas que lhe dão vontade de comemorar.

Cabelos para cima!

Os coques são opções muito versáteis. Vão da academia a uma formatura: basta variar os acessórios e finalizar de novas formas.

O penteado fica ótimo em qualquer textura de cabelo. Aliás, acho que os coques ficam ainda mais incríveis em cabelos volumosos e cacheados. Os modelos que mais gosto são soltinhos, mais bagunçados, os famosos *messy buns*. Deixam o visual bem mais descontraído.

Com franja, o coque fica ainda mais fofo! Você continua com a sua cara, mas de um jeito muito mais estiloso.

Os acessórios fazem toda a diferença. É só colocar uma presilha detalhada e com brilho que você fica pronta pra festa.

Tem algo mais cool do que lenços? Eles podem ser usados como tiaras ou em volta do coque. Estampas de cores vivas deixam o visual superdespojado.

As tiaras e faixas são mais femininas. Os modelos fininhos e com materiais mais requintados tornam o penteado mais arrumado. São uma opção incrível para finalizar o look em uma festa mais elegante.

No blog tem muitas fotos pra você se inspirar.

http://bit.ly/danicabelos

Faça uma galeria com fotos de cabelos bacanas para você usar nas próximas festas.

COLE

COLE

COLE

Grand Gâteau

Esta receita é nada mais, nada menos que um petit gâteau gordificado, com um sorvete delicioso enterrado numa montanha de chocolate.

PREPARO: 50 minutos
COZIMENTO: 12 minutos
ESPERA: 60 minutos
RENDIMENTO: 3 potinhos como o da foto
DIFICULDADE: ★★★★★
DURAÇÃO: 2 dias

INGREDIENTES

PICOLÉ
500 g de creme de leite fresco bem gelado
1 lata de leite condensado bem gelado

GANACHE
300 g de chocolate amargo
300 g de creme de leite fresco

PETIT GÂTEAU
100 g de manteiga cortada em cubos de 2,5 cm
45 g de açúcar mascavo
1 colher de sopa de cacau em pó 100%
3 ovos grandes em temperatura ambiente
90 g farinha de trigo
1 colher de chá de sal
135 g de açúcar
1 colher de chá de extrato de baunilha
145 g de chocolate meio amargo picado

DECORAÇÃO
Morangos a gosto
Castanha-de-caju a gosto

MODO DE FAZER

PICOLÉ

1. Bata o creme de leite fresco até quase atingir o ponto de chantili.
2. Quando começar a engrossar, acrescente o leite condensado e bata até ficar mais cremoso.
3. Distribua em forminhas de picolé, colocando palitos no meio.
4. Leve ao congelador por pelo menos 6 horas, até congelar.

DICA: *Se quiser, pode adicionar outros ingredientes pra aromatizar o picolé, como baunilha, polpa de morango, doce de leite...*

GANACHE

1. Pique o chocolate e leve-o ao processador.
2. Enquanto isso, coloque o creme de leite fresco para ferver.
3. Assim que ferver, jogue sobre o chocolate picado, espere uns três minutos e processe até ficar homogêneo.

DICA 1: *O ideal é adicionar a ganache ainda quente no grand gâteau: fica perfeito!*

DICA 2: *Se quiser adicionar 2 colheres de sopa de rum ou cachaça, fique à vontade.*

PETIT GÂTEAU

1. Em uma tigela média, misture a farinha, o sal e o cacau em pó.
2. Coloque o chocolate e a manteiga em banho-maria numa tigela grande.
3. Mexa ocasionalmente, até que o chocolate e a manteiga derretam e fiquem unificados.
4. Desligue o fogo, mas deixe a tigela em banho-maria e adicione os dois açúcares.
5. Mexa até que fique homogêneo.
6. Retire a tigela do banho-maria. A mistura deve ficar em temperatura ambiente.

7. Adicione os três ovos na mistura de chocolate e manteiga e mexa até uniformizar.
8. Adicione o extrato de baunilha e mexa até combinar. Não bata demais a massa nesse estágio, ou os quadradinhos ficarão muito pesados.
9. Cubra a massa com a mistura de farinha, sal e cacau. Usando uma espátula (não um batedor), envolva os ingredientes secos nos ingredientes molhados até homogeneizar completamente.
10. Distribua a massa em tigelinhas estilo ramequin, como a da foto, untadas e polvilhadas com cacau.
11. Asse em forno preaquecido a 200 °C por 12 minutos. Atenção! Esse tempo depende do tamanho do seu potinho, porque a massa precisa estar assada por fora e cremosa por dentro.

DICA: *Não encha demais os ramequins, porque ainda serão adicionados a ganache e o picolé.*

MONTAGEM

1. Assim que o petit gâteau sair do forno, complete o ramequin com a ganache, e alguns morangos e castanha-de-caju picados.
2. Finalmente, o melhor da festa: coloque o picolé no meio disso tudo e se lambuze!

Descubra todos os segredos dessa gostosura no vídeo.

http://bit.ly/danigateau

Imagine a banheira de chocolate
onde você gostaria de viver
e faça um desenho delicioso.

Pra comida sair bem na foto...

Não basta a receita ser gostosa, sabia?

A apresentação é fundamental, e isso é uma coisa que eu amo fazer: *food styling*!

Você pode ver pelas fotos do livro e pelos meus vídeos que tudo é pensado com carinho: os pratos, os objetos, os guardanapos, até os utensílios básicos da minha cozinha.

Estou sempre de olho vivo para detalhes que podem tornar as minhas receitas mais apetitosas só de olhar.

Mas esse capricho não é só para a gente preparar algo gostoso para tirar uma foto ou postar um vídeo. Vale a pena fazer isso no dia a dia, principalmente quando você cozinha para alguém especial.

É uma pequena surpresa que revela seu carinho e cuidado, e tenho certeza que a pessoa que receber esse mimo vai adorar.

Cole aqui seus achados para decorar receitas.

Deixei meu coração no Brooklyn

Eu adoro Nova York! É uma cidade que tem de tudo, para todos os gostos, estilos e idades.

Numa das minhas últimas passagens por lá, eu e o Paulo resolvemos alugar uma casa e não ficar em hotel.

Além disso, escolhemos nos hospedar fora da ilha de Manhattan, onde é mais comum os turistas ficarem, por ser mais perto das atrações turísticas.

Nosso destino foi o famoso bairro do Brooklyn. Mais precisamente, a região de Williamsburg.

Nos últimos anos, nesse bairro supercharmoso, foram abertos muitos lugares legais. Restaurantes, lojas gourmet, ateliês de artistas, galerias, brechós, feirinhas de gastronomia, arte e moda, lojas de novos estilistas e marcas de cosméticos alternativas...

É um prato cheio para quem gosta de fugir do lugar-comum quando viaja.

Mais fotos e segredos de Williamsburg no blog!

http://bit.ly/danibrooklyn

Qual foi sua viagem inesquecível? Cole aqui a foto de um momento marcante.

COLE

Deixe o salto de lado

Sapatos de salto são lindos, maravilhosos e tudo de bom... Bom, nem tudo. Usá-los por muito tempo machuca muuuito. Eu não abro mão de usar tênis. Combino com tudo: calças, vestidos, saias, o que for... Mas, se você não é muito fã desse tipo de calçado, a sapatilha é a pedida perfeita.

O modelo de bico redondo é mais clássico, feminino e romântico, principalmente quando tem uma tirinha no tornozelo.

As de bico fino são mais cool e ajudam a alongar as pernas. Se optar por um modelo *nude*, o efeito é ainda melhor.

Quem já é alta ou não consegue curtir uma festa por causa do salto, não precisa ter medo de usar as suas sapatilhas em baladas e eventos mais formais. Procure modelos mais elegantes e sofisticados, com aplicações ou brilho.

Outra dica legal é escolher modelos de bico fino, justamente porque alongam a silhueta.

É cada vez mais comum ver gente abolindo os saltos nas festas. Que tal tentar?

No blog tem um montão de sapatilhas pra você se inspirar.

http://bit.ly/danisalto

Desenhe o sapato de salto mais torturante que puder imaginar.

Agora descreva a sensação que você tem ao tirar um sapato apertado depois de um longo dia.

Bolo de Laranja

Um bom pedaço de bolo pode fazer a gente sonhar acordado, desejando que aquele momento não acabe nunca mais. Este, feito com laranja, é tão, mas tão fofinho que fica perfeito puro e acompanhado de um café ou um chazinho gostoso.

PREPARO: 20 minutos
COZIMENTO: 50 minutos
ESPERA: 60 minutos
RENDIMENTO: 10 fatias
DIFICULDADE: ★★★★★
DURAÇÃO: 3 dias

INGREDIENTES

BOLO

460 g de manteiga sem sal
2 xícaras de açúcar
Raspas e suco de 3 laranjas (160 ml de suco)
8 ovos
4 xícaras de farinha de trigo
1 pitada de sal
2 colheres de sopa rasas de fermento em pó

GLACÊ

3 xícaras de açúcar de confeiteiro
5 colheres de sopa de suco de laranja

MODO DE FAZER

BOLO

1. Bata a manteiga com o açúcar na batedeira até formar um creme branco e bem fofo.
2. Adicione as raspas da laranja
3. Diminua a velocidade da batedeira e acrescente os ovos, um a um.

4. Alterne a adição da farinha com o suco da laranja, começando com 2 xícaras de farinha, depois um pouco de suco.
5. Bata até ficar homogêneo e acrescente o fermento.
6. Ponha a massa em uma fôrma untada e enfarinhada e asse em forno preaquecido a 180 °C por aproximadamente 50 minutos.
7. Retire do forno e espere esfriar para desenformar.

GLACÊ

1. Misture os ingredientes.
2. Jogue o glacê por cima do bolo.
3. Aproveite!

DICA: *Se você quiser fazer com outra fruta cítrica, como o limão, vai dar muito certo também! Só precisa tomar cuidado ao usar o limão-tahiti, porque o seu suco é muito ácido.*

Fique com água na boca assistindo ao vídeo desta receita.

http://bit.ly/danilaranja

Cole aqui a foto de um bolo que não pode faltar no seu café da tarde.

A organizada e o bagunceiro

O que fazer quando você curte tudo organizadinho e seu parceiro – que até pode ser bem-intencionado – acaba deixando rastros de bagunça por onde quer que passe?

Sou muito metódica e só consigo pensar direito se estiver tudo arrumado à minha volta. O que nem sempre acontece em casa, onde o Paulo também mora.

Apurar o foco para enxergar mais coisas bacanas do que negativas ajuda bastante, já que, no fim das contas, ninguém muda o jeito de ninguém, né? Dar o bom exemplo pode ser muito mais efetivo do que engatar um cabo de guerra desgastante para os dois lados. Manter o jogo de cintura e o bom humor é a melhor receita.

E, convenhamos, driblar as saias justas com essa *vibe* é a melhor pedida num relacionamento.

Como boa virginiana, nem nas férias eu paro de deixar tudo arrumadinho. Dê uma olhada no vídeo.

http://bit.ly/daniorganizada

Cole uma foto da sua maior bagunça. Ou... do seu canto mais organizado.

Frango Kerala

Que tal fazer um frango de um jeito novo? Este prato, além de bem colorido, é muito saboroso!

PREPARO: 30 minutos
COZIMENTO: 30 minutos
RENDIMENTO: 4 porções
DIFICULDADE: ★★★☆☆
DURAÇÃO: 2 dias

INGREDIENTES

MARINADA DE FRANGO
1 kg de peito de frango sem osso e sem pele
1 colher de sopa de sal
2 colheres de sopa de vinagre
1 dedo de gengibre ralado
1 colher de sopa de curry
1 colher de sopa de garam masala
1 colher de sopa de cominho
1 colher de sopa de cúrcuma
1/2 colher de sopa de mostarda em pó amarela

MOLHO
3 cebolas roxas médias
2 pimentas
2 dentes de alho
400 g de tomate-cereja
1 colher de sopa de cominho
2 ramos de canela
1 colher de sopa de erva-doce
5 cravos
200 ml de leite de coco

MODO DE FAZER

1. Corte o peito de frango em cubos de 3 cm.
2. Deixe o frango marinando por 15 minutos nos temperos.
3. Corte as cebolas em cubinhos e os tomates-cereja em quatro partes.
4. Lave os tomates num escorredor para que a maior parte das sementes saia.
5. Pique as pimentas e o alho.
6. Esquente uma frigideira larga com 5 colheres de sopa de óleo e acrescente o coentro, os ramos de canela, a erva-doce e os cravos.
7. Frite o frango nessa mistura e reserve.
8. Use a mesma frigideira para fazer o molho e absorver todo o sabor. Frite a cebola até ficar translúcida e adicione o alho, a pimenta e os tomatinhos.
9. Tampe e deixe cozinhar de 15 a 20 minutos.
10. Acrescente o leite de coco e misture.
11. Junte o frango e cozinhe por mais 30 minutos.
12. Sirva com arroz jasmine e folhinhas de coentro e se surpreenda com esses sabores exóticos.

Dica: *Se não quiser que o frango fique tão picante, esfregue as pimentas para retirar as sementes.*

Acompanhe a preparação desse prato de inspiração indiana no vídeo.

http://bit.ly/danikerala

Escreva a sua receita de frango preferida.

Peach Fizz

Este drinque é absolutamente delicioso e muito fácil de preparar: a escolha ideal para embalar qualquer balada.

PREPARO: 5 minutos
RENDIMENTO: 1 copo
DIFICULDADE: ★☆☆☆☆
DURAÇÃO: Consumo imediato

INGREDIENTES

1 parte de vodca aromatizada de pêssego
3 partes de água com gás
1 toque de maracujá fresco
Fatias de pêssego a gosto
Gelo a gosto

MODO DE FAZER

1. Misture todos os ingredientes num copo.
2. Divirta-se!

No vídeo eu ensino esse drinque e mostro como organizar uma festa incrível.

http://bit.ly/danipeach

Quais são os seus segredos para transformar uma noite em festa?

Dicas imprescindíveis de viagem

Quem me conhece sabe que eu simplesmente adoro andar pelo mundo. Meu principal segredo para aproveitar ao máximo é o planejamento. Escolhi cinco princípios que sempre me ajudam na hora de programar meu próximo passeio.

1) Escolha o destino pensando no tempo que você tem e no seu orçamento. Deixe para fazer viagens ao exterior, que têm deslocamentos mais longos e custos mais altos, quando tiver um tempo maior e um dinheirinho extra.

2) Pense no clima que vai fazer. Dependendo do lugar, não dá para aproveitar as atrações por conta de chuva, neve, calor excessivo...

3) Depois de escolher seu destino, informe-se sobre as coisas bacanas que tem para fazer lá de acordo com os seus interesses, para programar seus dias e curtir cada minuto.

4) Escolha o bairro onde você vai ficar com base nessas informações. Pense nas opções de transporte e nos horários de trânsito. Todo o tempo que você passar em deslocamento pode ser um tempo a menos para aproveitar sua viagem.

5) Acho superimportante fazer seguro de saúde para a viagem. Imprevistos sempre podem acontecer e, dependendo do lugar, você pode se endividar muito para pagar as despesas médicas. Alguns desses seguros também cobrem extravio de mala.

Neste vídeo, tem mais dicas para planejar a viagem perfeita.

http://bit.ly/daniviagem

O que não pode faltar no lugar onde você passa as férias? Vale escrever, desenhar e fazer colagem.

BREAD
&
HEAVEN

Masala de Camarão

Este é um prato tipicamente indiano, que tem o sabor único e especial do tempero garam masala. Usei camarão--rosa e manteiga de garrafa para dar meu toque especial, além de arroz jasmine integral.

PREPARO: 20 minutos
COZIMENTO: 20 minutos
RENDIMENTO: 4 porções
DIFICULDADE: ★★★★★
DURAÇÃO: Consumo imediato

INGREDIENTES

2 cebolas roxas
3 dentes de alho
4 cenouras médias
2 tomates
2 pimentas-malagueta
1 colher de sopa de gengibre fresco ralado
3 colheres de sopa de manteiga de garrafa
2 colheres de sopa de garam masala
400 g de camarão-rosa
1 xícara de ervilha
400 ml de leite de coco
Sal a gosto

MODO DE FAZER

1. Corte as cebolas, as cenouras e os tomates em cubos pequenos.
2. Fatie os dentes de alho.
3. Coloque a manteiga de garrafa em uma panela e deixe aquecer.
4. Jogue a cebola e deixe fritar.

5. Acrescente o alho e deixe fritar por mais 3 minutos.
6. Junte a cenoura, o tomate e, em seguida, a pimenta--malagueta fatiada, o gengibre, o garam masala e o sal.
7. Misture tudo e deixe cozinhar por 10 minutos.
8. Tempere o camarão com sal e pimenta-do-reino e doure em uma frigideira em separado.
9. Junte o camarão aos legumes e acrescente a ervilha e o leite de coco.
10. Corrija o sal e deixe cozinhar por mais 10 minutos.
11. Sirva com arroz jasmine quentinho e se prepare para receber elogios.

O vídeo tem várias dicas para você arrasar no preparo deste prato.

http://bit.ly/danimasala

De que país vem a sua culinária preferida? Por que você gosta desses sabores?

Três filmes para assistir já!

Sou muito fã do trabalho de Sofia Coppola, um dos grandes nomes do cinema mundial.

Roteirista, diretora e produtora, ela vive no meio cinematográfico desde a infância. É filha de Francis Ford Coppola, diretor de clássicos imperdíveis como *O Poderoso Chefão*.

Sofia já ganhou prêmios importantes, como o Oscar, o Globo de Ouro e o Bafta... Seus filmes costumam ser delicados e sensíveis.

Meus preferidos são:

* *Encontros e Desencontros* (*Lost in Translation*, de 2003), com Bill Murray e Scarlett Johansson;

* *As Virgens Suicidas* (*The Virgin Suicides*, de 1999), com Kirsten Dunst e Josh Hartnett;

* *Um Lugar Qualquer* (*Somewhere*, de 2010), com Stephen Dorff e Elle Fanning.

Saiba mais sobre esses filmes no blog.

http://bit.ly/danifilmes

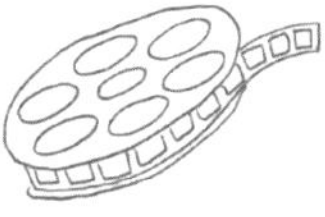

Escreva aqui todos os filmes que você sempre quis ver mas ainda não conseguiu assistir.

....

....

....

....

....

....

....

....

....

....

....

....

....

....

Amo franjinha!

Acho que já deu para perceber, né? Sou adepta há anos e não pretendo mudar tão cedo. Franjas são superfemininas e rejuvenescem qualquer visual. Que tal descobrir novas maneiras de usar?

Quem está deixando a franja crescer não vai escapar do franjão de lado. Além de alongar o rosto, combina com qualquer textura de cabelo. Se você tem o rosto quadrado ou redondo e quer mudar de corte, essa é uma opção de transformação sem precisar radicalizar.

A franja na altura da sobrancelha é ótima para quem tem os fios mais grossos e lisos. Quem tem cabelo mais fino pode apostar num look mais bagunçadinho, que fica incrível. Esse

tipo de corte ajuda a harmonizar os rostos mais longos, mas não precisa evitar se o seu é mais redondo. A dica é sempre deixar as laterais mais compridas.

A franja nos olhos é quase igual à anterior. Para quem tem a testa comprida, esse corte é mais interessante. O olhar fica muito mais evidente e impactante. Esse visual fica mais legal com os fios – pelo menos da franja – lisos. Se seu cabelo é encaracolado ou ondulado, vale fazer uma escova e deixá-la bem modelada.

A franjinha na testa é um corte para quem gosta de ousar. O look fica instantaneamente mais cool. Se você tem coragem e personalidade para usá-la, vai ficar maravilhosa.

No blog tem muitas fotos para você se animar a ter uma franjinha.

http://bit.ly/danifranjinha

E você? Qual seu corte de cabelo favorito? Descreva, desenhe, cole uma foto... Use sua criatividade.

Filmes clássicos dos anos 1960

Quando chega o inverno, adoro assistir um filminho embaixo das cobertas, tomando um bom chocolate quente. Escolhi três bem especiais pra você se animar, independente do clima:

* *Psicose*, dirigido por Alfred Hitchcock (*Psycho*, 1960): suspense incrível, com uma das cenas mais famosas do cinema. Quem nunca viu a arrepiante sequência do chuveiro?

* *Bonequinha de Luxo*, dirigido por Blake Edwards (*Breakfast at Tiffany's*, 1961): Audrey Hepburn desfila com alguns de seus looks mais icônicos nesta comédia ao mesmo tempo dramática e romântica.

* *Cleópatra*, dirigido por Joseph L. Mankiewicz (*Cleopatra*, 1963): esse é pra quem gosta de épico. Elizabeth Taylor arrasa com algumas das makes mais incríveis da história das telonas.

No blog tem mais dicas de clássicos e os pôsteres dessas obras-primas.

http://bit.ly/dani1960

Cole aqui o cartaz do seu filme preferido.

Casei com meu melhor amigo

Na época da faculdade, eu e o Paulo éramos vizinhos de porta. A sua casa era uma república toda pixada – ele insistia que eram grafites e desenhos que decoravam as paredes da sala – e um dos meus lugares favoritos no Universo.

Meu dia não terminava enquanto eu não falasse com ele depois de voltar do trabalho. E não era apenas um "boa--noite". Como promoter e hostess de baladas, eu costumava chegar em casa por volta das três horas da manhã e, de praxe, conversávamos sem pressa até as cinco da matina.

Tivemos um pequeno hiato em nossa história por conta de uma desavença envolvendo um travesseiro e ficamos cerca de um ano e meio sem trocar uma só palavra.

Ele diz que, apesar de ser um grande clichê, foi a minha ausência e distância que o fizeram perceber quanto realmente gostava de mim. Um belo dia (noite, na verdade), o Paulo me procurou, abriu o coração e se declarou. Nunca mais nos separamos.

Já comemoramos nossas *bodas de estanho* (10 anos!), com uma relação que tem o trabalho como pedra fundamental. Como duas pecinhas de Lego, nos encaixamos perfeitamente e não queremos mais nos soltar.

Assista ao vídeo que conta a desavença do travesseiro!

http://bit.ly/danimelhoramigo

Você já se desentendeu com seu amor por um motivo bobo? Conte aqui.

Folhado de Espinafre com Ricota

Eu sou apaixonada por folhado. Preparei esta receita com espinafre e ficou incrível. Garanto que você não vai se arrepender!

PREPARO: 30 minutos
COZIMENTO: 15 minutos
RENDIMENTO: 8 folhados
DIFICULDADE: ★★★★★
DURAÇÃO: Consumo imediato

INGREDIENTES

1 maço de espinafre
400 g de ricota
1/2 colher de chá de sal
1/2 colher de chá de mostarda em pó
1/4 colher de chá de pimenta-branca
1/4 colher de chá de noz-moscada
1 colher de sopa de pimenta-rosa
2 colheres de sopa de gergelim
300 g de massa filo
100 g de manteiga
3 colheres de sopa de azeite
1 colher de sopa de manjericão seco

DICA: *Triture a pimenta-rosa no almofariz antes de usar.*

MODO DE FAZER

1. Cozinhe o espinafre com um pouco de sal em uma panela a vapor, até que as folhas murchem.
2. Amasse a ricota junto com as especiarias.
3. Quando o espinafre estiver cozido, pique e misture à ricota.

4. Doure o gergelim em uma frigideira antiaderente e reserve.
5. Em uma panela pequena, misture a manteiga com o azeite e o manjericão. Deixe a mistura ferver para que a manteiga absorva os sabores e reserve.

MONTAGEM

1. Corte a massa filo em tiras de aproximadamente 8 cm x 40 cm.
2. Pincele as tiras com a manteiga aromatizada e dobre uma das pontas, formando um triângulo.
3. Desdobre a folha e coloque o recheio apenas na marcação que você fez.
4. Pressione o recheio e salpique um pouco de gergelim por cima.
5. Passe a ponta livre da massa por cima do recheio e comece a dobrar de um lado para o outro, formando o folhado.
6. Pincele com a manteiga aromatizada e leve ao forno preaquecido a 200 °C por 15 minutos.
7. Vire os folhados e doure-os por mais 5 minutinhos.
8. Devore quantos quiser.

Para não ter dúvidas de como montar os folhados, confira o vídeo.

http://bit.ly/danifolhado

Você lembra da primeira vez que comeu espinafre? O que achou? Se conhecer alguma receita deliciosa com espinafre, registre-a aqui.

Buquê de Cupcake

Quem receber este presente vai ter certeza do seu carinho. Os minicupcakes ganham um brilho extra se você "plantá-los" em um vasinho fofo de cerâmica.

PREPARO: 50 minutos
COZIMENTO: 30 minutos
ESPERA: 50 minutos
RENDIMENTO: 12 bolinhos (2 buquês)
DIFICULDADE: ★★★★★
DURAÇÃO: A cobertura derrete muito rápido. Tome muito cuidado se a sua cidade for quente. Assim que terminar de decorá-los, guarde-os na geladeira ou no freezer até o momento de servir.

INGREDIENTES

MASSA

4 ovos
150 ml de leite
125 ml de óleo de canola
1 xícara + 2 colheres de sopa de açúcar mascavo
1 colher de chá de pasta de baunilha ou o dobro de extrato de baunilha
1 e 1/4 de xícara de farinha de trigo
1/4 de xícara de cacau em pó
1/2 colher de chá de bicarbonato de sódio
1 colher de chá de fermento em pó
1 pitada de sal

COBERTURA

1 xícara de framboesas congeladas ou frescas
150 g de manteiga sem sal em temperatura ambiente
2 xícaras de açúcar de confeiteiro peneirado
300 g de cream cheese em temperatura ambiente

MODO DE FAZER

MASSA

1. Misture os ovos, o leite, o óleo e a baunilha.
2. Adicione o açúcar mascavo e misture.
3. Peneire todos os ingredientes secos.
4. Junte à mistura dos líquidos e mexa bem.
5. Divida a massa nas forminhas de minicupcake.
6. Leve para assar em forno preaquecido a 180 °C por aproximadamente 20-25 minutos.
7. Tire do forno e deixe esfriar.

DICA 1: *Encha as forminhas somente até a metade, porque a massa vai crescer.*

DICA 2: *Para saber se a massa já assou, enfie um palito em um dos bolinhos. Se estiver pronto, ele sairá limpo.*

COBERTURA

1. Leve as framboesas para ferver em fogo baixo numa panela pequena por aproximadamente 5 minutos. As frutas vão soltar um líquido.
2. Enquanto isso, vá amassando com uma espátula para obter um purê.
3. Mantenha no fogo mais um pouco para reduzir a água.
4. Passe o purê por uma peneira para tirar todas as sementes.
5. Bata a manteiga com o açúcar até obter um creme bem fofo e esbranquiçado, sempre raspando as laterais da tigela para incorporar tudo.
6. Acrescente o cream cheese, bata mais um pouco e adicione o purê de framboesa.
7. Bata até o creme ficar homogêneo.
8. Cubra a tigela e leve à geladeira para esfriar bem.

DICA: *O purê de framboesa dará cor à cobertura, e seu sabor será bem suave.*

MONTAGEM

1. Corte o topo dos cupcakes para que a cobertura fique alinhada.
2. Coloque a cobertura num saco de confeitar e decore os bolinhos com um bico de confeitar, formando rosas, sempre começando do centro para fora.
3. Pegue um vaso de cerâmica de 9 cm de altura por 10 cm de diâmetro
4. Pinte uma bola de isopor de 10 cm de diâmetro com tinta verde atóxica e espere secar.
5. Encaixe bem a bola de isopor no vaso e posicione os minicupcakes com palitos de dente. Encaixe primeiro o do topo para ficar mais fácil de completar a bola. Ao todo, usei 16 bolinhos.
6. Decore os espaços com folhagens de plástico e presenteie quem você mais ama!

DICA 1: *Para fazer as rosas, use o bico 1M (pitanga grande).*

DICA 2: *Quanto mais distante do cupcake você deixar o bico, mais alta e bonita vai ficar a sua flor.*

DICA 3: *Pinte metade da bola de isopor. Espere secar e depois pinte a outra metade.*

Achou difícil fazer a decoração de flores? Eu ajudo.

http://bit.ly/danicupcake

Presente! Cartõezinhos pra você recortar e colocar no seu buquê.

Faça um furinho no cartão e passe uma fita para prendê-lo no buquê de cupcakes

De: ....

....

Para: ....

....

Com amor pra você

Você pode escrever uma mensagem especial no verso dos seus cartões.

Como é trabalhar com meu amor

Eu e o Paulo temos profissões diferentes, mas que se complementam lindamente: ele filma, dirige e fotografa as delícias que eu preparo.

Fazemos isso juntos desde sempre e dividimos qualquer tipo de trabalho, seja intelectual, criativo, de produção ou até uma faxina mais pesada na casa.

Temos uma sinergia muito gostosa e produtiva, trabalhamos bem juntos e o tempo todo, a ponto de não conseguirmos comer mais nada sem antes pensar em fotografar e postar.

Seja qual for a tarefa, grande parte do seu desenvolvimento é realizada em conjunto. O Paulo é sagaz, inteligente, criativo e dedicado, o que torna tudo ainda mais fácil e prazeroso.

Como em toda relação, às vezes rola um estresse. Mas dou logo uma panelada nele, e acaba tudo bem.

Como bom leonino, o Paulo enriquece o que a gente faz com a sua visão, imaginação e um sem-número de pitacos. E eu, virginiana, adiciono perspectiva, análise crítica, estrutura e ordem.

A verdade é que é um privilégio maravilhoso poder trabalhar com o meu amor.

Faça uma lista de pessoas com as quais você gostaria de trabalhar. Quais seriam os desafios de dividir tarefas com elas?

A ciência da nécessaire perfeita

Como viajo bastante, desenvolvi um método para nunca passar perrengue quando o assunto são meus cuidados pessoais. Faço uma lista de tudo o que eu preciso, separada por categorias.

CABELO

- [ ] Xampu
- [ ] Condicionador
- [ ] Xampu seco
- [ ] Óleo finalizador ou *leave in*
- [ ] Touca de banho
- [ ] Escova ou pente
- [ ] Elásticos
- [ ] Piranha
- [ ] Grampos

PELE

- [ ] Demaquilante
- [ ] Sabonete para o rosto
- [ ] Sabonete para o corpo
- [ ] Adstringente
- [ ] Hidratante para o rosto
- [ ] Hidratante para o corpo
- [ ] Protetor solar
- [ ] Creme secativo para espinhas
- [ ] Lenços removedores de oleosidade
- [ ] Maquiagem (esse item vale uma lista à parte)

INDISPENSÁVEIS

- [ ] Desodorante
- [ ] Pasta de dente
- [ ] Escova de dente
- [ ] Enxaguante bucal
- [ ] Fio dental
- [ ] Perfume
- [ ] Creme depilatório ou lâmina (para viagens mais longas)

EMERGÊNCIA

- [ ] Algodão
- [ ] Curativos
- [ ] Cotonetes
- [ ] Remédios (dor de cabeça e cólica são indispensáveis, além de qualquer outro que tome com frequência)
- [ ] Alfinetes

UNHAS

- [ ] Removedor
- [ ] Base
- [ ] Esmalte neutro
- [ ] Lixa

http://bit.ly/daninecessaire

http://bit.ly/daninecessaire2

Fiz duas matérias no blog com mais uma porção de dicas.

Sei que na minha lista podem faltar itens que você gosta de levar. Escreva todos aqui e, sempre que for viajar, abra seu livro nesta página para ter certeza de que não esqueceu de nada.

- [ ]
- [ ]
- [ ]
- [ ]
- [ ]
- [ ]
- [ ]
- [ ]
- [ ]
- [ ]
- [ ]
- [ ]
- [ ]
- [ ]
- [ ]
- [ ]
- [ ]
- [ ]
- [ ]
- [ ]

Acesse aqui e imprima uma lista pra você preencher com tudo o que precisa levar em sua próxima viagem.

http://bit.ly/danilista

Tiramisù Cointreau®

Esta receita impressiona, mas é bem simples: basta um pouquinho de mousse, biscoitos champanhe, café e cacau. E, claro, meu toque especial: licor.

PREPARO: 40 minutos
COZIMENTO: 10 minutos
ESPERA: 60 minutos
RENDIMENTO: 6 porções
DIFICULDADE: ★★★★★
DURAÇÃO: 3 dias na geladeira

INGREDIENTES

6 gemas
100 g de açúcar cristal
500 g de mascarpone
200 g de creme de leite fresco, nata ou creme de leite de lata sem soro
230 ml de Cointreau®
1 colher de sopa de extrato de baunilha
1 pitada de sal
500 ml de café filtrado bem forte
Cacau em pó 100% para polvilhar
Biscoitos champanhe

MODO DE FAZER

1. Prepare o café e leve-o à geladeira até que esfrie.
2. Em uma tigela, adicione as gemas com o açúcar cristal e leve ao banho-maria.
3. Faça o zabaione: bata por aproximadamente 10 minutos ou até a mistura atingir 84 °C.
4. Com a ajuda de uma batedeira de mão, bata o creme de leite fresco, o mascarpone, 80 ml de Cointreau®, a baunilha e o sal, até atingir picos de chantili.
5. Acrescente, em duas partes, o creme zabaione já frio. Bata até que tudo se misture.

6. Com o café frio, adicione o restante do Cointreau®
e reserve.

DICA: *Não se preocupe com os ovos crus nessa receita, porque as gemas serão pasteurizadas durante o banho-maria.*

MONTAGEM

NA FÔRMA

1. Coloque uma folha de acetato dentro de uma fôrma de bolo inglês
2. Com a ajuda de uma colher, adicione a mousse de mascarpone no fundo, formando a primeira camada.
3. Mergulhe os biscoitos champanhe na mistura de café com Cointreau® e disponha sobre a mousse de mascarpone.
4. Polvilhe o cacau em pó sobre os biscoitos.
5. Repita todo esse processo até completar a fôrma.
6. Leve ao congelador por 1 hora ou até que esteja firme para ser desenformado.
7. Desenforme, sirva e receba muitos elogios.

DICA 1: *Além de facilitar na hora de desenformar o tiramisù, o acetato vai deixá-lo num formato arredondado, como um cilindro pela metade.*

DICA 2: *Dê umas batidinhas na sua fôrma para que o tiramisù se assente e fique reto na base.*

NO COPINHO

1. Monte camadas de mousse, biscoito molhado no café e polvilhado com cacau num copo ou taça bem bonitos.
2. Leve para gelar.
3. É só servir e impressionar os convidados.

Além desta receita, também ensino dois drinques deliciosos no vídeo.

http://bit.ly/danitiramisu

Você conhece outras sobremesas que levam algum tipo de bebida? Escreva aqui sua receita preferida.

Verrine de Granola Caseira com Iogurte

Fazer a sua própria granola é uma felicidade inesquecível, pois você pode colocar os ingredientes de que mais gosta e que te fazem bem. Complete a felicidade com iogurte grego, geleia de morango sem açúcar e frutas vermelhas frescas.

PREPARO: 15 minutos
COZIMENTO: 70 minutos
ESPERA: 30 minutos
RENDIMENTO: 12 porções
DIFICULDADE: ★★★★★
DURAÇÃO: 7 dias

INGREDIENTES

GRANOLA
1/3 de xícara de óleo de avelã ou óleo sem sabor
1 xícara de mel
2 xícaras (200 g) de aveia em flocos grandes
1/4 de xícara (40 g) de chia
1/4 de xícara (30 g) de amaranto
1/4 de xícara (30 g) de farinha de linhaça
1/2 xícara (35 g) de farelo de trigo
2 xícaras (100 g) de flocos de milho sem açúcar
1/4 de xícara (40 g) de amêndoas
1/2 xícara (50 g) de nozes picadas
1/4 de xícara (50 g) de uvas-passas brancas
1/4 de xícara (25 g) de *goji berry*
1/4 de xícara (50 g) de damasco picado
1/2 xícara de coco ralado fresco picado
1 colher de sopa de pólen de abelha
1 pitada de sal

VERRINE
Frutas vermelhas frescas
Iogurte grego
Granola
Geleia de morango sem açúcar

MODO DE FAZER

GRANOLA

1. Junte o óleo e o mel em uma panela e aqueça.
2. Em uma tigela, misture todos os outros ingredientes, menos as uvas-passas, a *goji berry* e o damasco.
3. Quando essa mistura do óleo aquecer, jogue os farelos por cima e misture bem.
4. Divida em duas fôrmas, espalhando bem a granola.
5. Leve para assar em forno preaquecido a 170 °C por aproximadamente 1 hora.
6. A cada 20 minutos retire do forno, revolva a granola com uma espátula ou colher e volte para o forno.
7. Depois de assar, retire do forno, junte os demais ingredientes e deixe esfriar.
8. Guarde em um pote hermeticamente fechado para a granola não perder a crocância.

VERRINE

1. Intercale camadas de iogurte, geleia, granola e frutas vermelhas até chegar no topo do potinho.
2. Aproveite bem essa delícia.

Vamos fazer granola? Assista ao vídeo.

http://bit.ly/daniverrine

Desenhe uma mesa com tudo que não pode faltar no seu café da manhã.

Acerte no pincel

Para a maquiagem ficar perfeita, nada como usar a ferramenta certa.

Agora pegue os seus pincéis e produtos preferidos e faça uma make incrível.

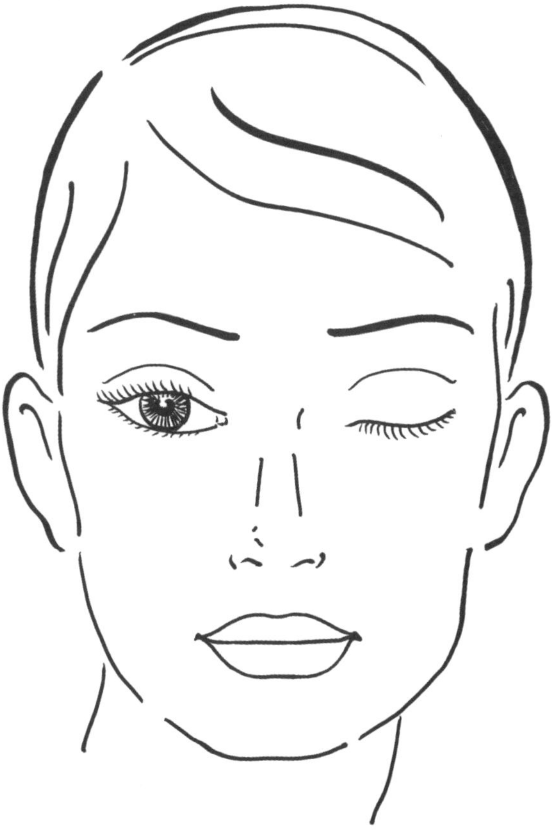